180 CASOS RESOLVIDOS EM LINGUAGEM DAX

POWER BI

Business Intelligence

Ramón J. Castro

Não sabemos quando choverá nem quanto cairá,
mas quando isso acontecer, sabemos por onde
passará.

Índice

Introdução

Este livro é concebido como um guia rápido que recolhe um total de 180 casos práticos habituais em linguagem DAX para uma rápida resolução. Todo o código DAX recolhido na obra pode ser testado através do arquivo *180_Casos_Resueltos_en_Lenguaje_DAX.pbix* acessível para download em:

www.facebook.com/180casosresueltosenlenguajedax

180 Casos Resolvidos em Linguagem DAX é o primeiro de quatro guias rápidas de resolução de casos em linguagem DAX. Os restantes títulos são:

- 90 Casos Resolvidos de Time Intelligence em DAX
- 80 Casos Resolvidos de Estatísticas em DAX
- 60 Casos Resolvidos de Finanças em DAX

Casos resolvidos

001. Criar tabela CALENDAR
Ferramentas de tabela > Nova tabela

```
Calendar =
ADDCOLUMNS (
        //data de inicio, data de fim
        CALENDAR ( MIN ( Sales[Date] ), TODAY () ),
        //valores numéricos
        "year", YEAR ( [Date] ),
        "month", MONTH ( [Date] ),
        "day", DAY ( [Date] ),
        "quarter", QUARTER ( [Date] ),
        "weekDay", WEEKDAY ( [Date] ),
        "weekNum", WEEKNUM ( [Date] ),
        //valores em texto
        "monthName", FORMAT ( [Date], "MMM" ),
        "weekDayName", FORMAT ( [Date], "DDD" ),
        "quarterName", SWITCH ( QUARTER ( [Date] ), 1,
"First", 2, "Second", 3, "Third", 4, "quarter")
)
```

002. Criar tabela em branco
Ferramentas de tabela > Nova tabela

```
Customer Complaints =
//criar uma tabela e introduzir dados
//nome da coluna, tipo de campo (INTEGER, DOUBLE,
STRING, BOOLEAN, CURRENCY, DATETIME)
DATATABLE (
        "Country", STRING,
        "Complaints", INTEGER,
        "Year", DATETIME,
```

//introdução de dados nos campos seguindo a ordem
anterior
        {
        { "Canada", 32, 2014 },
        { "Germany", 26, 2014 },
        { "France", 42, 2014 },
        { "Mexico", 18, 2014 },
        { "USA", 38, 2014 },
        { "Canada", 12, 2015 },
        { "Germany", 32, 2015 },
        { "France", 24, 2015 },
        { "Mexico", 30, 2015 },
        { "USA", 27, 2015 },
        { "Canada", 23, 2016 },
        { "Germany", 24, 2016 },
        { "France", 36, 2016 },
        { "Mexico", 27, 2016 },
        { "USA", 32, 2016 }
        }
)

003. Criar uma tabela com valores únicos a partir de uma coluna

Ferramentas de tabela > Nova tabela

Fields with unique values =
//sobre una columna
DISTINCT(Sales[Country])

004. Criar uma tabela com linhas únicas a partir de uma tabela

Ferramentas de tabela > Nova tabela

Rows with unique values =

```
//em uma tabela retorna linhas únicas
DISTINCT(Sales)
```

005. Criar tabela calculada (1)
Ferramentas de tabela > Nova tabela

```
Total and Subtotal per category (1) =
//criar uma tabela que agrupe subtotais por categoria
SUMMARIZE(
        //tabela de origem
        Sales,
        //coluna pela qual agrupar
        ROLLUP(Sales[Contry]),
        //expressões calculadas
        "Sum", SUM(Sales[ Sales]),
        "Avg", AVERAGE(Sales[ Sales])
)
```

006. Criar tabela calculada (2)
Ferramentas de tabela > Nova tabela

```
Total and Subtotal per category (2) =
//crie uma tabela que agrupe subtotais por categoria de
mais de um filtro
SUMMARIZE(
    //tabela de origem
    CALCULATETABLE(
        //tabela de origem
        Sales,
        //aplicação de filtros à tabela resultante
        //tabela, filtro
        FILTER(Sales, Sales[ Sales]>10000),
        FILTER(Sector, Sector[Sector]="Midmarket")
    ),
    //coluna pela qual agrupar
```

```
ROLLUP(Sales[Country]),
//expressões calculadas
"Sum", SUM(Sales[ Sales]),
"Avg", AVERAGE(Sales[ Sales])
)
```

007. Criar tabela calculada (3)
Ferramentas de tabela > Nova tabela

```
Total and Subtotal per category (3) =
//criar uma tabela que agrupe subtotais por categoria
SUMMARIZE(
        //tabela de origem
        SUMMARIZE(
                //tabela de origem
                Sales,
                //tabela resultante
                Sales[Country],
                Calendar[Year],
                Sales[ Sales]
        ),
        //coluna pela qual agrupar
        ROLLUP('Calendar'[year]),
        //expressões calculadas
        "Sum", SUM(Sales[ Sales]),
        "Avg", AVERAGE(Sales[ Sales])
)
```

008. Criar tabela calculada (4)
Ferramentas de tabela > Nova tabela

```
Total and Subtotal per >1 category (4) =
//criar uma tabela que agrupe subtotais por várias
categorias
ADDCOLUMNS(
```

```
//tabela de origem
SUMMARIZE(
        //tabela de origem.
        Sales,
        //coluna pela qual agrupar
        Sales[Country],
        Calendar[Year]
),
//expressões calculadas
"Sum", CALCULATE(SUM(Sales[ Sales])),
"Avg", CALCULATE(AVERAGE(Sales[ Sales]))
)
```

009. Criar tabela calculada (5)
Ferramentas de tabela > Nova tabela

```
Sales on 2016 =
//criar uma tabela que atenda a uma condição
CALCULATETABLE(
        //tabela de origem
        Sales ,
        //filtro
        'Calendar'[year] = 2016
)
```

010. Criar tabela calculada (6)
Ferramentas de tabela > Nova tabela

```
Sales on Canada 2016 =
//criar uma tabela que atenda a mais de uma condição
CALCULATETABLE (
        //table Fuente
        Sales,
        //filtros
        Sales[Country] = "Canada",
```

'Calendar'[year] = 2016
)

011. Criar tabela calculada (7)
Ferramentas de tabela > Nova tabela

```
Sales to salesman per sector =
//criar uma tabela selecionando colunas de outra tabela
SELECTCOLUMNS (
        //tabela de origem
        Sales,
        //nome das novas colunas, origem de dados da
        coluna
        "salesman", Sales[Salesman],
        "sector", Sales[Sector],
        "totalSales", SUM ( Sales[ Sales] )
)
```


012. Criar tabela calculada (8)
Ferramentas de tabela > Nova tabela

```
Sales to salesman per sector =
//criar uma tabela selecionando colunas de duas ou mais
tabelas
//tabelas não relacionadas
SELECTCOLUMNS (
        //tabela de origem
        Sales,
        //nome das novas colunas, origem de dados da
        coluna
        "country", Sales[Country],
        "tax", LOOKUPVALUE (
                //valor a extrair
                'Country Tax'[Tax],
                //coluna de busca
```

```
            'Country Tax'[Country],
            //coluna de la que extraer el
            valor a buscar
            [Country]
        ),
    "totalSales", SUM ( Sales[ Sales] )
)
```

013. Criar tabela calculada (9)
Ferramentas de tabela > Nova tabela

```
Sales per country (1) =
//criar uma tabela calculada com o resumo de vendas por
país
SUMMARIZECOLUMNS (
    //tabela e colunas
    Sales[country],
    //nova coluna, expressão
    "totalSales", SUM ( Sales[ Sales] ),
    "AvgSales", AVERAGEX('Sales', SUM ( Sales[ Sales] ) ),
    "Max Sales", MAXX('Sales', SUM ( Sales[ Sales] ) ),
    "Min Sales", MINX('Sales', SUM ( Sales[ Sales] ) ),
    "Sales Count", COUNTROWS('Sales')
)
```

014. Criar tabela calculada (10)
Ferramentas de tabela > Nova tabela

```
Sales to sector per country (2) =
//criar uma tabela calculada com o resumo de vendas por
país, filtrando por um valor da mesma tabela
SUMMARIZECOLUMNS (
    //tabela e colunas
    Sales[country],
    //criterio
```

```
    FILTER ( Sales, Sales[Sector] = "Government" ),
    //colunas calculadas
    "totalSales", SUM ( Sales[ Sales] ),
    "AvgSales", AVERAGEX('Sales', SUM ( Sales[ Sales] ) ),
    "Max Sales", MAXX('Sales', SUM ( Sales[ Sales] ) ),
    "Min Sales", MINX('Sales', SUM ( Sales[ Sales] ) ),
    "Sales Count", COUNTROWS('Sales')
)
```

015. Criar tabela calculada (11)
Ferramentas de tabela > Nova tabela

```
Sales to Government sector per country in 2015 =
//criar uma tabela calculada com o resumo de vendas por
país,  filtrando por um valor de outra tabela relacionada
SUMMARIZECOLUMNS (
    //tabela e colunas
    Sales[country],
    //criterios
    FILTER ( Sector, Sector[Sector] = "Government" ),
    FILTER ( 'Calendar', 'Calendar'[year] = 2015),
    //colunas calculadas
    "totalSales", SUM ( Sales[ Sales] ),
    "AvgSales", AVERAGEX('Sales', SUM ( Sales[ Sales] ) ),
    "Max Sales", MAXX('Sales', SUM ( Sales[ Sales] ) ),
    "Min Sales", MINX('Sales', SUM ( Sales[ Sales] ) ),
    "Sales Count", COUNTROWS('Sales')
)
```

016. Criar tabela calculada (12)
Ferramentas de tabela > Nova tabela

```
Average sales amount per seller =
//criar uma tabela agrupada por uma condição
SELECTCOLUMNS (
```

//tabela
Salesman,
//novas colunas
"Name", Salesman[Salesman],
"Gender", Salesman[Gender],
//RELATEDTABLE avalia uma expressão de tabela
em um contexto modificado pelos filtros
especificados
//tipo de relação de "muitos" para "um"
"AvgSales", AVERAGEX (
                //tabela
                RELATEDTABLE (Sales),
                //expressão
                Sales[Sales])
)

017. Criar tabela calculada (13)
Ferramentas de tabela > Nova tabela

Average sales amount per seller and gender M =
//criar uma tabela agrupada por mais de uma condição
SELECTCOLUMNS (
        FILTER (Salesman, Salesman[Gender] = "M"),
        "Name", Salesman[Salesman],
        "Gender", Salesman[Gender],
        //RELATEDTABLE avalia uma expressão de tabela
        em um contexto modificado pelos filtros
        especificados
        // tipo de relacionamento "muitos" para "um"
        "Average sales", AVERAGEX (
                        RELATEDTABLE (Sales),
                        Sales[Sales]
)
)

018. Criar tabela calculada (14)
Ferramentas de tabela > Nova tabela

Total and Subtotal per >1 category (5) =
//criar uma tabela que agrupe subtotais por várias
categorias a partir de um ou mais filtros
```
FILTER(
        ADDCOLUMNS(
                SUMMARIZE(
                        //tabela de origem
                        Sales,
                        //coluna pela qual agrupar
                        Sales[Country],
                        Calendar[Year]
                ),
                //expressões calculadas
                "Sum", SUM(Sales[ Sales]),
                "Avg", AVERAGE(Sales[ Sales])
        ),
        //usamos colunas da tabela resultante como filtro
        AND( [Sum] > 5000000, Sales[Country]="USA")
)
```

019. Criar tabela calculada de uma única linha
Ferramentas de tabela > Nova tabela

Total sales =
//criar uma tabela de uma única linha que mostre os
valores obtidos de uma expressão
```
ROW (
        //nome da coluna, expressão
        "Total sales", SUM ( Sales[ sales] ),
        "Total COGS", SUM ( Sales[COGS])
)
```

020. Criar tabela com valores únicos a partir de outra tabela
Ferramentas de tabela > Nova tabela

Countries with sales =
//selecionamos tabela
//obtemos linhas com valores únicos
VALUES(Sales)

021. Criar tabela com valores únicos a partir de uma coluna contida em outra tabela
Ferramentas de tabela > Nova tabela

Countries with sales =
//selecionamos tabela[coluna]
//obtemos coluna com valores únicos
VALUES(Sales[contry])

022. Adicionar uma coluna de uma tabela a outra tabela
Ferramentas de tabela > Nova coluna

Add province to sales =
//tabelas relacionadas
//criar uma nova coluna na tabela Sales
RELATED(Country[Province])

023. Adicionar uma coluna de uma tabela a outra tabela se atender a uma condição (1)
Ferramentas de tabela > Nova coluna

Sales in Niza =

```
//tabelas relacionadas
//criar uma nova coluna na tabela Sales
//atende a uma condição
IF(
        Sales[Country]="France",
        RELATED(Country[Province]),
        BLANK()
)
```

024. Adicionar uma coluna de uma tabela a outra tabela se atender a mais de uma condição (2)

Ferramentas de tabela > Nova coluna

```
Sales in Niza in 2016 =
//tabelas relacionadas
//criar uma nova coluna na tabela Sales
//atende a mais de uma condição
IF(
    //condição
    AND(
      Sales[Country]="France",
      Sales[Date]=2016 ),
    //resultado positivo
    RELATED(Country[Province]),
    //resultado negativo
    BLANK()
)
```

025. Adicionar uma coluna de uma tabela não relacionada a outra tabela

Ferramentas de tabela > Nova coluna

```
Tax by sale (4) =
//tabelas não relacionadas
```

```
//criar uma nova coluna na tabela Sales
//pegamos o valor de imposto da tabela Country Tax
LOOKUPVALUE(
        //valor a extrair
        'Country Tax'[Tax],
        //coluna de busca
        'Country Tax'[Country],
        //coluna da qual extrair o valor a ser buscado
        Sales[Country]
)
```

026. Adicionar uma coluna de uma tabela a outra tabela se atender a mais de uma condição (1)

Ferramentas de tabela > Nova coluna

```
//tabelas não relacionadas
//criar uma nova coluna na tabela Sales
//pegamos o valor de imposto da tabela Country Tax
//deve atender a uma condição
Tax by sale in Germany (5) =
IF(
        Country2[Country] = "Germany",
        LOOKUPVALUE(
                //valor a extrair
                'Country Tax'[Tax],
                //coluna de busca
                'Country Tax'[Country],
                //coluna de la que extraer el valor a
                buscar
                Sales[Country]
        ),
        BLANK()
)
```

027. Adicionar uma coluna de uma tabela a outra tabela se atender a mais de uma condição (2)
Ferramentas de tabela > Nova coluna

```
Tax by sale in Germany and Canada(6) =
//tabelas não relacionadas
//criar uma nova coluna na tabela Sales
//pegamos o valor de imposto da tabela Country Tax
//deve atender a mais de uma condição
IF(
        Country2[Country] IN {"Germany","Canada"},
        LOOKUPVALUE(
            //valor a extrair
            'Country Tax'[Tax],
            //coluna de busca
            'Country Tax'[Country],
            //coluna da qual extrair o valor a ser
            buscado
            Sales[Country]
        ),
        BLANK()
)
```

028. Cálculo do acumulado por registro
Ferramentas de tabela > Nova coluna

```
CashFlow by Reg=
//valor do saldo de caixa por transação
//expressão, filtro
CALCULATE (
    SUM ( CashFlow[Movement] ),
    FILTER (
        CashFlow,
        CashFlow[Reg] <= EARLIER ( CashFlow[Reg] )
    ) )
```

029. Cálculo do acumulado por unidade de tempo (1)
Ferramentas de tabela > Nova coluna

```
CashFlow by Date =
//valor do saldo de caixa por transação
//expressão, filtro
CALCULATE (
        SUM ( CashFlow[Movement] ),
        FILTER (
            CashFlow,
            CashFlow[Date] <= EARLIER ( CashFlow[Date] )
        )
)
```

030. Cálculo do acumulado por unidade de tempo (2)
Modelagem > Nova medida

```
Sales_2016 =
//cálculo de uma expressão que não é afetada pelos filtros
de contexto
//expressão,filtro
CALCULATE (
        SUM ( Sales[ Sales] ),
        FILTER (
                //ALL evita a aplicação de filtros de
                contexto externos à expressão
                ALL ( Sales ),
                RELATED ( 'Calendar'[year] ) = 2016
        )
)
```

031. Cálculo do acumulado por unidade de tempo (3)
Modelagem > Nova medida

```
Sales by Year =
//cálculo de uma expressão que não é afetada pelos filtros
de contexto
//expressão,filtro
CALCULATE (
        SUM ( Sales[ Sales] ),
        FILTER (
                //ALL evita a aplicação de filtros de
                contexto externos à expressão
                ALL ( Sales ),
                Sales[Date] <= MAX(Sales[Date])
        )
)
```

032. Contar valor único (1)
Modelagem > Nova medida

```
Number sales to Canada (1) =
//calcular o número de vezes que um valor se repete
//expressão,filtro
CALCULATE (
        COUNT ( Sales[ Sales] ),
        //é afetado pelos filtros de contexto
        Sales[Country] = "Canada"
)
```

033. Contar valor único (2)
Modelagem > Nova medida

```
Number sales to Canada (2) =
//calcular o número de vezes que um valor se repete
//expressão,filtro
CALCULATE (
        COUNT ( Sales[ Sales] ),
        //não é afetado pelos filtros de contexto
```

```
FILTER (
        ALL ( Sales ),
        Sales[Country] = "Canada"
    )
)
```

034. Contar valor único (3)
Modelagem > Nova medida

```
Number sales to Canada >5000(3) =
//calcular o número de vezes que um valor se repete que
atende a mais de uma condição
//expressão,filtro
CALCULATE(
        COUNT([Sales]),
        FILTER(
                //não é afetado pelos filtros de contexto
                ALL(Sales),
                AND(
                    Sales[Country]="Canada",
                    Sales[Sales]>5000
                )
        )
)
```

035. Contar valor único (4)
Modelagem > Nova medida

```
Number contries -sales (1) =
//conta o número de valores únicos
//é afetado pelos filtros de contexto
DISTINCTCOUNT(Sales[Country])
```

036. Contar valor único (5)
Modelagem > Nova medida

```
Number contries -sales (2) =
//conta o número de valores únicos
//não é afetado pelos filtros de contexto
CALCULATE(
        //conta valores únicos em formato de texto
        DISTINCTCOUNTA(Sales[Country]),
        ALL(Sales)
)
```

037. Contar valor único (6)
Modelagem > Nova medida

```
Numbers of products sold (2) =
COUNTX(
        //usamos o FILTER para nos retornar uma tabela
        FILTER(
            ALL(Sales),
            RELATED( Product [Product]) = Sales[Product]
        ),
        Sales[ Sales]
)
```

038. Contar valor único (7)
Modelagem > Nova medida

```
Numbers of products sold (3) =
//expressão, filtro
CALCULATE(
        //conta valores únicos em formato de texto
        (ignora campos em branco)
        DISTINCTCOUNTNOBLANK(Sales[Product]),
```

//especifica a direção do filtro a ser usado entre
duas tabelas
CROSSFILTER(
        'Product'[Product],
        Sales'[Product],
        Both
)
)

039. Contar valor único (8)
Modelagem > Nova medida

Numbers of products sold (4) =
//expressão, filtro
CALCULATE(
        //conta valores únicos em formato de texto
        (ignora campos em branco)
        DISTINCTCOUNTNOBLANK(Sales[Product]),
        //tabelas no relacionadas
        TREATAS(
                //tabela de filtro
                Country_3 ,
                //tabela na qual o filtro é aplicado
                'Country Tax'[Country]
)
)

040. Contar valores por cada categoria
Ferramentas de tabela > Nova tabela

Numbers of products sold (5) =
//conta o número de valores usando uma segunda tabela
como filtro
//tabela da qual os dados são extraídos
SUMMARIZE(

        Sales,
        //coluna de dados
        Sales[Product],
        //coluna que criamos
        "numberSales", COUNTA(Sales[Product])
)

041. Contar valores únicos por cada categoria
Ferramentas de tabela > Nova tabela

Numbers of products sold (6) =
//conta o número de valores únicos usando uma segunda
tabela como filtro
//tabela da qual os dados são extraídos
SUMMARIZE(
        Sales,
        //coluna de dados
        Sales[Product],
        //coluna que criamos entre "", expressão
        "numberSales", DISTINCTCOUNT(Sales[Product])
)

042. Contar valores de uma categoria (1)
Modelagem > Nova medida

Number of sales to Germany (1) =
//contar linhas de uma categoria. É afetado pelos filtros
de contexto.
//expressão, filtro
CALCULATE(
        //expressão: conta as linhas
        COUNTROWS(Sales),
        //filtro: por país Alemanha
        Sales[Country]="Germany"

)

043. Contar valores de uma categoria (2)
Modelagem > Nova medida

```
Number of sales to Germany (2) =
//contar linhas de uma categoria.
//não é afetado pelos filtros de contexto.
//expressão, filtro
CALCULATE(
        COUNTROWS(Sales),
        FILTER(
            //ALL evita que os filtros de contexto afetem
            ALL(Sales),
            Sales[Country]="Germany"
        )
)
```

044. Contar valores de uma categoria (3)
Modelagem > Nova medida

```
Number of sales to Germany (3) =
//contar linhas de uma categoria ignorando linhas com
algum registro em branco
//não é afetado pelos filtros de contexto.
//expressão, filtro
CALCULATE (
        //expressão: conta as linhas, ignorando as que
        têm algum campo em branco
        COUNTROWS ( Sales ),
        //filtro: por país Alemanha
        FILTER (
                //tabela ou expressão que retorna uma
                tabela
```

```
        ALLNOBLANKROW ( Sales ),
        //campo filtrado
        Sales[Country] = "Germany"
    )
)
```

045. Contar campos preenchidos
Modelagem > Nova medida

```
Number of NO blanks =
//contar o número de valores excluindo campos em
branco
//expression, filtro
CALCULATE(
        COUNT( Sales[Discounts]) ,
        NOT( ISBLANK(Sales[Discounts]) )
)
```

046. Contar campos vazios
Modelagem > Nova medida

```
Number of blanks =
//contar campos vazios de uma coluna.
//é afetado pelos filtros de contexto
COUNTBLANK(Sales[Discounts])
```

047. Contar o número de vezes que cada valor de uma categoria se repete
Ferramentas de tabela > Nova coluna

```
Sales per Product (1) =
//contar o número de vezes que cada valor se repete.
```

```
COUNTROWS(
        //tabela ou expressão que retorna uma tabela
        FILTER(
                Sales,
                Sales[Product] = EARLIER(Sales[Product])
        )
)
```

048. Número de vezes que cada valor de uma categoria que atenda a uma condição se repete

Ferramentas de tabela > Nova coluna

```
Sales per Product (1) =
//contar o número de vezes que cada valor se repete.
IF(
        //condição
        Sales[Product] = "Mouse" ,
        //resultado positivo
        COUNTROWS(
                //tabela ou expressão que retorna uma
                tabela
                FILTER(
                Sales,
                Sales[Product] = EARLIER(Sales[Product])
                )
        ),
        //resultado negativo
        BLANK()
)
```

Modelagem > Nova medida

Total sales (1) =
//é afetado pelos filtros de contexto
SUM (Sales[Sales])

Modelagem > Nova medida

Total sales (2) =
//expressão, filtro
CALCULATE(
        SUM(Sales[Sales]),
        //a função ALL evita que os filtros de contexto
        afetem
        ALL(Sales)
)

051.Calcular Total por categorias (1)
Ferramentas de tabela > Nova tabela

Sales per Country and Sector =
//retorna uma tabela como resultado

VAR gSales = SUM(Sales[Sales])

VAR gTaxes = SUM(Sales[Sales])*Sales[Tax]

RETURN

SUMMARIZE (
        //tabela a partir da qual vamos calcular a(s)

```
medida(s)
Sales,
//colunas que vão compor a tabela
Sales[Country],
Sales[Tax],
Sales[Sector],
//criamos a(s) coluna(s) onde as medidas serão
calculadas
"grossSale", gSales,
"netTax", gTaxes,
"netSale", gSales – gTaxes
)
```

052.Calcular Total por categorias (2)
Ferramentas de tabela > Nova tabela

```
Sales per Sector in France =
//retorna uma tabela como resultado
CALCULATETABLE(
        //tabela ou expressão que retorna uma tabela
        SUMMARIZE (
                //tabela a partir de la cual vamos a
        calcular
                la(s) medida(s)
                Sales,
                //colunas que vão compor a tabela
                Country Tax[Country],
                Sector[Sector],
                //criamos a(s) coluna(s) onde as medidas
                serão calculadas
                "totalSales", SUM ( Sales[ Sales] )
        ),
        //filtros
        'Country Tax'[Country] = "France"
)
```

053.Calcular Total por categorias (3)
Ferramentas de tabela > Nova tabela

```
Sales per Midmarket Sector in France =
//retorna uma tabela como resultado
SUMMARIZE (
  CALCULATETABLE(
    //tabela ou expressão que retorna uma tabela
    Sales,
    //filtros
    FILTER( Sector, Sector[Sector]="Midmarket"),
    FILTER('Country  Tax','Country Tax'[Country]="France")
  ),
  //colunas
  Category[Category],
  "totalSales", SUM ( Sales[ Sales] ),
  "AvgSales", AVERAGEX( Sales, SUM ( Sales[ Sales] ) ),
  "Max Sales", MAXX( Sales, SUM ( Sales[ Sales] ) ),
  "Min Sales", MINX( Sales, SUM ( Sales[ Sales] ) ),
  "Sales Count", COUNTROWS( Sales )
)
```

054. Calcular Subtotal por categoria (1)
Ferramentas de tabela > Nova tabela

```
Subtotal per Salesman and Sector (1) =
//as colunas são retiradas de várias tabelas relacionadas
//no início da tabela, mostra o subtotal por setor e
vendedor
//no final da tabela, o total por vendedor
SUMMARIZECOLUMNS(
        ROLLUPADDISSUBTOTAL(
                Sales[Sector], "subtotal", Sales
        ),
        Salesman[Salesman],
```

"Sales", SUM(Sales[Sales])
)

055. Calcular Subtotal por categoria (2)
Ferramentas de tabela > Nova tabela

Subtotal per country (2) =
//as colunas são retiradas de uma única tabela
//no início da tabela, mostra o subtotal por setor e
vendedor
//no final da tabela, o total por vendedor
SUMMARIZE(
        Sales,
        Sales[Salesman],
        ROLLUPGROUP(Sales[Sector]),
        "Sales", SUM(Sales[Sales])
)

056. Agrupar resultado por N categorías
Ferramentas de tabela > Nova tabela

Sales per salesman and country =
//funciona somente combinado com outras funções
iteradoras (SUMX, AVERAGEX, ...)
GROUPBY (
        //tabela na qual os cálculos são realizados
        Sales,
        //colunas pelas quais vamos agrupar
        'Country Tax'[Country],
        Salesman[Salesman],
        //coluna(s) que conterá(ão) o cálculo
        //GROUP BY trabalha sempre com
        CURRENTGROUP
        "totalSales", SUMX (

```
        CURRENTGROUP (),
        SUM ( Sales[ Sales] )
         )
)
```

057. Comparar duas cadeias de texto na mesma tabela
Ferramentas de tabela > Nova coluna

```
Compare two text strings (1) =
//compara duas cadeias de valores
//distingue entre maiúsculas e minúsculas
EXACT(Sales[Gross Sales],Sales[ Sales])
```

058. Comparar duas cadeias de texto em tabelas diferentes
Ferramentas de tabela > Nova coluna

```
Compare two text strings (2) =
//compara duas cadeias de valores de duas tabelas
relacionadas
//distingue entre maiúsculas e minúsculas
EXACT(
        Country_2[Country] ,
        RELATED('Country Tax'[Country])
)
```

059. Valores não correspondentes entre duas tabelas relacionadas
Ferramentas de tabela > Nova tabela

Countries without sales =
//retorna uma tabela com valores únicos
VAR countriesWithSales = VALUES(Sales[Country])

//retorna uma tabela com valores únicos
VAR countriesTable = VALUES(Country_2[Country])

RETURN

//retorna uma tabela com os valores que estão na
primeira tabela e não na segunda tabela
//tabela filtrada, tabela filtro
EXCEPT(
        countriesTable,
        countriesWithSales
)

060. Valores não correspondentes entre duas tabelas não relacionadas

Ferramentas de tabela > Nova tabela

Countries without sales (2) =
//retorna uma tabela com valores únicos
VAR countriesWithSales = VALUES(Sales[Country])

//retorna uma tabela com valores únicos
VAR countriesTable = VALUES(Country_2[Country])

RETURN

//tabela, expressão
CALCULATETABLE(
        //tabela filtrada, tabela filtro
        EXCEPT(
                countriesTable,

```
                countriesWithSales
    ),
     TREATAS(
            //tabela de filtro
            Country_3 ,
            //tabela na qual o filtro é aplicado
            'Country Tax'[Country]

     )
)
```

061. Valores correspondentes entre duas tabelas não relacionadas
Ferramentas de tabela > Nova tabela

```
Matching countries =
//valores coincidentes entre duas tabelas não
relacionadas
//retorna uma tabela sem valores duplicados
INTERSECT (
        VALUES (Country_3[Country] ),
        VALUES ( Country_2[Country] )
)
```

062. Valores correspondentes entre duas tabelas relacionadas
Ferramentas de tabela > Nova coluna

```
Matching values =
//busca valores coincidentes da primeira tabela na
segunda
//tabelas relacionadas
EXACT(
        Country_2[Country] ,
```

        RELATED('Country Tax'[Country])
)

063. Arredondar um número para cima especificando o número de decimais
Ferramentas de tabela > Nova coluna

ROUND UP (2) =
//arredonda um número afastando-se do zero
//tabela [coluna], número_decimais
ROUNDUP(Sales[Profit],2)

064. Arredondar um número para baixo especificando o número de decimais
Ferramentas de tabela > Nova coluna

ROUND DOWN (2) =
//arredonda um número para zero
//tabela [coluna], número_decimais
ROUNDDOWN(Sales[Profit],2)

065. Arredondar um número para um número de decimais
Ferramentas de tabela > Nova coluna

ROUND =
//arredonda um número para o número de decimais especificado
//tabela [coluna], decimais
ROUND(Sales[Profit],2)

066. Arredondar um número para baixo para o seu
múltiplo significativo mais próximo (1)
Ferramentas de tabela > Nova coluna

ROUND DOWN (1) =
//arredonda um número para o múltiplo significativo mais
próximo para baixo
//tabela [coluna], valor_múltiplo
FLOOR(Sales[Profit],0.10)

067. Arredondar um número para cima para o seu
múltiplo significativo mais próximo (2)
Ferramentas de tabela > Nova coluna

ROUND UP (1) =
//arredonda um número para o múltiplo significativo mais
próximo para cima
//tabela [coluna], valor_múltiplo
CEILING(Sales[Profit],0.10)

068. Arredondar um número para o inteiro igual ou
mais próximo (1)
Ferramentas de tabela > Nova coluna

ROUND DOWN (1) =
//arredonda um número para o inteiro igual ou inferior
mais próximo
//tabela [coluna]
INT(Sales[Profit])

069. Retorna a parte inteira de um número decimal
Ferramentas de tabela > Nova coluna

```
ROUND (1) =
//retorna a parte inteira de um número
//tabela [coluna]
TRUNC(Sales[Profit])
```


070. Adicionar uma exceção aos resultados retornados por uma medida (1)
Modelagem > Nova medida

```
Total sales without USA =
//condição, se cumprida mostra o resultado_1, senão
mostra o resultado_2
IF (
    // HASONEVALUE retorna TRUE ou FALSE para cada
    campo em uma coluna contendo ou não um valor
    HASONEVALUE ( Sales[Country] ),
        IF ( VALUES ( Sales[Country] ) <> "USA",
                SUM(Sales[ Sales]),
                BLANK ()
        ),
        CALCULATE(
                //expression, filtro
                SUM(Sales[ Sales]),
                Sales[Country] <> "USA"
        )
)
```


071. Adicionar uma exceção aos resultados retornados por uma medida (2)
Modelagem > Nova medida

```
Total sales USA and Germany =
//condição, se cumprida mostra o resultado_1, senão
mostra o resultado_2
IF (
        //HASONVALUE descarta os campos vazios dentro
        de Sales[Country]
        HASONEVALUE ( Sales[Country] ),
        IF (
         VALUES ( Sales[Country] ) IN {"USA","Germany"} ,
         SUM(Sales[ Sales]),
          "Not included"
        ),
        CALCULATE(
                //expression, filtro
                SUM(Sales[ Sales]),
                Sales[Country] IN {"USA","Germany"}
        )
)
```

072. Calcular uma expressão somente se uma ou N condições específicas forem selecionadas

Modelagem > Nova medida

```
Sales Germany 2016 =
//cálculo de uma expressão somente se uma ou várias
condições específicas forem selecionadas
IF (
        //condição
        SELECTEDVALUE ( 'Calendar'[Year] ) = 2016 &&
        SELECTEDVALUE ( Sales[Country] ) = "Germany",
        //resultado se a condição for cumprida
        SUM ( Sales[ Sales] ),
        //resultado se a condição não for cumprida
        BLANK ()
```

)

073. Excluir do cálculo as linhas que contêm um campo vazio

Ferramentas de tabela > Nova coluna

```
Net sale with discount =
//as linhas que contêm células vazias nas colunas
especificadas são excluídas do cálculo
IF (
        //condição
        AND (
                Sales[Gross Sales] <> BLANK() ,
                Sales[Discounts] <> BLANK()
        ),
        //resultado se a condição for cumprida
        Sales[Gross Sales] - Sales[Discounts],
        //resultado se a condição não for cumprida
        BLANK ()
)
```


074. Mostrar todos os valores, mesmo que sejam zeros

Ferramentas de tabela > Nova coluna

```
Discounts (1) =
//em um gráfico, mostrar todos os valores, mesmo que
sejam zeros
//em uma tabela, substituir valores em branco de uma
coluna por zeros
Sales[Discounts] + 0
```

Modelagem > Nova medida

```
Total best selling product (5) =
//calcular o total do produto mais vendido
//criamos uma variável que obtém uma tabela resumo
por total de vendas de produtos
VAR baseTable =
        SUMMARIZE(
                //tabela
                Sales,
                //coluna
                Sales[Product],
                //expressão
                "totalSale",SUM(Sales[ Sales])
        )

RETURN

MAXX(
        //tabela
        baseTable,
        //expressão
        [totalSale]
)
```


Continuando com o exemplo anterior, vamos descobrir o nome do produto mais vendido. Para isso, devemos primeiro realizar o ponto 075.

STEP.1
Ferramentas de tabela > Nova tabela

```
Summary table =
SUMMARIZE(
        Sales,
        Sales[Product],
        "totalSale", SUM(Sales[ Sales])
)
```

STEP.2
Modelagem > Nova medida

```
Top selling product name =
//coluna_resultado, coluna_busca, expressão,
resultado_se_não_encontrado
LOOKUPVALUE(
        'Summary table'[Product],
        'Summary table'[totalSale],
        [Total best selling product (5)],
        "There is more than one value"
)
```

077. Criar uma medida filtrando o resultado a partir de N tabelas relacionadas (1)

Modelagem > Nova medida

```
Sales France 2016 (1) =
//cria uma medida (iterador) filtrando o resultado a partir
de várias tabelas relacionadas
SUMX(
        //tabela
        FILTER(
          Sales,
          AND(
```

```
        RELATED ( 'Country Tax'[Country] ) = "France",
        RELATED ( 'Calendar'[year] ) = 2016
    )
  ),
  //expression
  Sales[ Sales]
)
```

078. Criar uma medida filtrando o resultado a partir de N tabelas relacionadas (2)

Modelagem > Nova medida

```
Sales France 2016 (2) =
// crie uma medida (não um iterador) filtrando o resultado
de várias tabelas relacionadas
CALCULATE (
        //expression
        SUM ( Sales[ Sales] ),
        //filtro
        FILTER (
          Sales,
           AND (
             RELATED ( 'Country Tax'[Country] ) = "France",
             RELATED ( 'Calendar'[year] ) = 2016
           )
        )
)
```

079. Obter uma amostra N de um campo específico

Ferramentas de tabela > Nova tabela

```
Sales sample  =
//obtém uma amostra aleatória dos valores de uma linha
//tamanho_amostra, tabela, coluna, ordem
```

SAMPLE (10, Sales, Sales[Sales ID], ASC)

080. Obter uma amostra N de um campo específico que atenda a N condições

Ferramentas de tabela > Nova tabela

```
Sales sample Germany 2016 =
//obtém uma amostra aleatória dos valores de uma
coluna que atendem a uma ou mais condições
CALCULATETABLE(
        //tabela
        //tamanho da amostra, tabela, coluna, ordem
        SAMPLE(10, Sales, Sales[Sales ID], ASC),
        //filtro
        FILTER(
                Sales,
                AND(
                    Sales[Country]="Germany",
                    RELATED('Calendar'[year])=2016
                )
        )
)
```


081. Criar uma coluna ou medida que atenda a uma condição em relação a outra coluna (1)

Ferramentas de tabela > Nova coluna

```
Sales type (2) -BOOLE =
//cria uma coluna que atende a uma condição em relação
a outra coluna
IF(
        //condição
        Sales[ Sales]<15000,
        //resultado se a condição for cumprida
```

```
//tabela [coluna],expresion,resultado,expresion,
resultado...,resto
SWITCH(
        TRUE(),
        Sales[Country]="Canada","LOW",
        Sales[Country]="Germany","NORMAL",
        Sales[Country]="France","LOW",
        Sales[Country]="UK","LOW",
        Sales[Country]="USA","LOW",
        Sales[Country]="Mexico","NORMAL",
        "Unknow"
),
//resultado se a condição não for cumprida
IF(
        //condição
        AND(
           Sales[ Sales]>15001,
           Sales[ Sales]<30000
        ),
        //resultado se a condição for cumprida
        //tabela [coluna],expresion,resultado,
        expresion,resultado...,resto
    SWITCH(
        TRUE(),
        Sales[Country]="Canada","NORMAL",
        Sales[Country]="Germany","HIGH",
        Sales[Country]="France","NORMAL",
        Sales[Country]="UK","HIGH",
        Sales[Country]="USA","NORMAL",
        Sales[Country]="Mexico","HIGH",
        "Unknow"
    ),
        //resultado se a condição não for
cumprida
        IF(
            //condição
            Sales[ Sales]>3001,
```

```
                              //resultado se a condição for cumprida
                              //tabela [coluna], expressão, resultado,
                              expressão, resultado..., resto
                              SWITCH(
                                  TRUE(),
                                  Sales[Country]="Canada","HIGH",
                                  Sales[Country]="Germany","HIGH",
                                  Sales[Country]="France","HIGH",
                                  Sales[Country]="UK","HIGH",
                                  Sales[Country]="USA","HIGH",
                                  Sales[Country]="Mexico","HIGH",
                                  "Unknow"
                                  ) ,
                                  // resultado se a condição não for
atendida                          BLANK()
                      )
            )
)
```

082. Criar uma coluna ou medida que atenda a uma condição em relação a outra coluna (2)

Ferramentas de tabela > Nova coluna

```
Continent (1) =
//cria uma coluna que atende a uma condição em relação
a outra coluna
SWITCH(
        TRUE(),
        Sales[Country]="Canada","AMERICA",
        Sales[Country]="Germany","EUROPE",
        Sales[Country]="France","EUROPE",
        Sales[Country]="UK","EUROPE",
        Sales[Country]="USA","AMERICA",
        "Unknow"
)
```

083. Criar uma coluna ou medida que atenda a uma condição em relação a outra coluna (3)
Ferramentas de tabela > Nova coluna

```
Continent (2) =
//cria uma coluna que atende a uma condição em relação
a outra coluna
SWITCH(
        Sales[Country],
        "Canada","AMERICA",
        "Germany","EUROPE",
        "France","EUROPE",
        "UK","EUROPE",
        "USA","AMERICA",
        "Unknow"
)
```

084. Criar uma tabela que filtre valores para um slicer
Ferramentas de tabela > Nova tabela

```
Filtered by country =
//obtém valores de filtragem para um "slicer"
FILTERS(Sales[Country])
```

085. Classificação de N conceitos (1)
Ferramentas de tabela > Nova tabela

```
Top 2 products sales (1) =
//nome dos 2 produtos mais vendidos
//criamos uma variável que retorna uma tabela
VAR salesPerProduct =
        SUMMARIZE (
                Sales,
                Sales[Product],
```

```
                "totalSales", SUM ( Sales[ Sales] )
        )

RETURN

TOPN ( 2, salesPerProduct, [totalSales] )
```

086. Classificação de N conceitos (2)
Modelagem > Nova medida

```
Top 2 products sales (2) =
//valor total das vendas dos 2 produtos mais vendidos
// Partimos para o cálculo da tabela obtida no ponto 085
SUM('Top 2 products sales (1)'[totalSales])
```

087. Classificação de N conceitos (3)
Ferramentas de tabela > Nova tabela

```
Top 2 products sales in Canada =
VAR salesPerProduct =
CALCULATETABLE(
        //tabela
        SUMMARIZE (
                Sales,
                'Calendar'[year],
                Sales[Country],
                Sales[Product],
                "totalSales", SUM ( Sales[ Sales] )
        ),
        //filtro
        Sales[Country] = "Canada"
)

RETURN
```

TOPN (2, salesPerProduct, [totalSales])

088. Classificação de N conceitos (4)
Modelagem > Nova medida

```
Salesman ranking (1) =
//retorna a posição dentro do intervalo de cada valor
resultante
IF(
        HASONEVALUE(Sales[Salesman]),
        //resultado se a condição for cumprida
        RANKX(ALL(Sales[Salesman]),[Total Sales],,DESC),
        //resultado se a condição não for cumprida
        BLANK()
)
```


089. Classificação de N conceitos (5)
Modelagem > Nova medida

```
Salesman ranking (2) =
//mostra o ranking de vendedores para o ano selecionado
//independente dos demais filtros de contexto
CALCULATE(
        //expression
        IF(
                //condição
                HASONEVALUE(Sales[Salesman]),
                //resultado se a condição for cumprida
                RANKX(
                        ALL(Sales[Salesman]),
                        [Total Sales],,DESC
                ),
                //resultado se a condição não for
                cumprida
                BLANK()
```

```
        ),
        //filtro
        ALLSELECTED('Calendar'[year])
)
```

090. Classificação de N conceitos (6)
Modelagem > Nova medida

```
Salesman ranking (3) =
IF(
        //condição
        ISINSCOPE(Sales[Product]),
        //resultado se a condição for cumprida
        RANKX(
                ALL(Sales[Product]),
                [Total Sales]
        ),
        //resultado se a condição não for cumprida
        IF(
                //condição
                ISINSCOPE(Sales[Category]),
                //resultado se a condição for cumprida
                RANKX(
                        ALL(Sales[Category]),
                        [Total Sales]
                )
        )
)
```

091. Classificação inversa de N conceitos
Modelagem > Nova medida

```
Bottom Ranked Products =
//ranking dos três produtos com menos vendas
VAR SalesTable =
```

```
FILTER(
        VALUES('Product'[Product]),
        [Total Sales] > 0
)

RETURN

CONCATENATEX(
        TOPN(
                3,
                SalesTable,
                [Total Sales],
                ASC
        ),
        'Product'[Product],
        ", "
)
```

092. Forçar uma segunda relação entre tabelas
Modelagem > Nova medida

```
Sales per date2 (1) =
///forçar uma segunda relação entre tabelas
//vamos ao Power BI, em "Relações" e arrastamos o
campo "Calendar[Date]" sobre o campo "Sales[Date2]"
//criar uma tabela calculada com o resumo de vendas por
país, filtrando por um valor de outra tabela relacionada

CALCULATE (
        //expressão
        SUM ( Sales[ Sales] ),
        //filtro
        //tabela_tipo_relaçao_para_vários,
        tabela_tipo_relaçao_para_um
        USERELATIONSHIP ( Sales[Date2], Calendar[Date] )
)
```

093. Preencher espaços em branco de uma coluna
com zeros (1)
Modelagem > Nova medida

Discount Blank (1) =
//preencher campos em branco de uma coluna com zeros
//retorna a primeira expressão que não é avaliada como
BLANK
COALESCE(SELECTEDVALUE(Sales[Discounts]), 0)

094. Preencher espaços em branco de uma coluna
com zeros (2)
Modelagem > Nova medida

Discount Blank (2) =
//evita que o resultado de uma expressão seja um campo
em branco
//retorna a primeira expressão que não é avaliada como
BLANK
//condição, resultado positivo, resultado negativo
IF(
        //condição
        ISBLANK(SELECTEDVALUE(Sales[Discounts])),
        //resultado se a condição for cumprida
        0,
        //resultado se a condição não for cumprida
        SELECTEDVALUE(Sales[Discounts])
)

095. Criar uma coluna ou medida que não seja
afetada por filtros de contexto
Modelagem > Nova medida

Netop V10 sales =

```
//calcular um resultado para uma coluna sem que
nenhum filtro de contexto afete
//expressão,filtro
CALCULATE (
        SUM ( Sales[ Sales] ),
        //a função ALL evita a aplicação de qualquer filtro
        de contexto
        ALL ( Sales )
)
```

096. Criar uma coluna ou medida com N condições filtradas da mesma tabela

Modelagem > Nova medida

```
Total sales Germany/Tower (1) =
//aplicação do comando ALL a várias tabelas sobre as
quais vamos aplicar uma condição
//expressão,filtro
CALCULATE(
        SUM(Sales[ Sales]),
        FILTER(
                ALL(Sales),
                AND(
                        Sales[Country] = "Germany",
                        Sales[Product] = "Tower"
                )
        )
)
```

097. Criar uma coluna ou medida com N condições filtradas de várias tabelas

Modelagem > Nova medida

```
Total sales Germany/Tower (2) =
```

```
//aplicação do comando ALL a várias tabelas sobre as
quais vamos aplicar uma condição
CALCULATE(
    //expressão
    SUM(Sales[ Sales]),
    //filtro
    FILTER(
        //ALL evita que le afecten filtros de contexto
        ALL(Sales),
        AND(
          RELATED('Country Tax'[Country]) = "Germany",
          RELATED(Product[Product]) = "Tower"
        )
    )
)
```

098. Criar uma coluna ou medida onde um filtro de contexto afeta somente um campo específico

Modelagem > Nova medida

```
Total sales per selected month =
//o filtro afeta somente um campo
//criamos uma variável
VAR totalSales =
SUM(Sales[ Sales])

RETURN

CALCULATE(
        totalSales,
        //ALLSELECTED elimina os filtros de contexto de
        colunas e linhas da consulta que está sendo
        realizada, exceto na tabela[columna] que
        contém
        ALLSELECTED(Calendar[Month])
)
```

099. Criar uma coluna ou medida onde "N" filtros de contexto afetam somente "N" campos específicos
Modelagem > Nova medida

```
Percent of total per country and product =
//filtros que afetam mais de um campo
VAR totalSales =
SUM(Sales[ Sales])

RETURN

CALCULATE(
        //expressão
        totalSales,
        //filtro
        ALLSELECTED(Product[Product]),
        ALLSELECTED('Country Tax'[Country])
)
```

100. Criar uma coluna ou medida filtrada a partir de N tabelas
Modelagem > Nova medida

```
Sales Hardware (1) =
//obtém-se um resultado que atende às condições de um
filtro que pertence a uma mesma tabela e a um segundo
filtro que pertence a uma segunda tabela
CALCULATE(
    //expressão
    SUM(Sales[ Sales]),
    //filtro
    FILTER(
        //tabela
        Sales,
        //filtro
```

```
            AND(
                Sales[Units Sold] > 1000 ,
                //filtro através de uma coluna de uma
                tabela relacionada
                RELATED(Category[Category])="Hardware"
            )
        )
)
```

101. Calcular medida acumulada (1)

Modelagem > Nova medida

```
Cumulative Sales (1) =
//calcular uma medida acumulada
//expressão,filtro
CALCULATE(
        //expressão
        SUM ( Sales[ Sales] ),
        //filtro
        FILTER (
                //a função ALL impede que filtros de
                contexto afetem
                ALL ( Sales ),
                Sales[Date] <= MAX ( Sales[Date])
        )
)
```

102. Calcular medida acumulada (2)

Modelagem > Nova medida

```
Cumulative Sales (2) =
//calcular uma medida acumulada
//expressão,filtro
CALCULATE(
        //expressão
```

```
        SUM(Sales[ Sales]),
        //é afetado somente pelo filtro de contexto 'Year'
        FILTER(
                ALLEXCEPT(Sales, 'Calendar'[year]),
                Sales[Date]<=MAX(Sales[Date])
        )
)
```

103. Calcular o número de linhas únicas
Ferramentas de tabela > Nova coluna

STEP 1
```
Text String =
//criar uma coluna que combina valores de várias colunas
//delimitador, tabela1[columna1], tabela1[columna2],..,
tabela1[columnaN]
COMBINEVALUES(
        ",",
            Sales[Country],
            Sales[Category],
            Sales[Product]
            )
```

STEP 2
Modelagem > Nova medida

```
Unique values per row =
DISTINCTCOUNT(Sales[Text String])
```

104. Tabela de linhas com valores únicos
Ferramentas de tabela > Nova tabela

```
Single rows =
VALUES(Sales[Text String])
```

105. Calcular o número de valores repetidos em uma coluna

Modelagem > Nova medida

Repeated countries =
//contar o número de vezes que os países se repetem
COUNT(Sales[Country]) - DISTINCTCOUNT(Sales[Country])

106. Calcular o número de vezes que um valor específico se repete em uma coluna

Modelagem > Nova medida

Repeated countries (Canada) =
//contar o número de vezes que "Canadá" se repete
CALCULATE(
        //expressão
        COUNT(Sales[Country]) –
        DISTINCTCOUNT(Sales[Country]),
        //filtro
        Sales[Country]="Canada"
)

107. Número de vezes que uma condição é atendida (1)

Modelagem > Nova medida

Number of sales of a product -MOUSE (1) =
//contar o número de vezes que um valor em texto aparece
//não é afetado pelos filtros de contexto
CALCULATE(
        //expressão
        COUNTAX (
                //tabela

```
        ALL ( Sales ),
        //expressão
        Sales[Product]
    ),
    //filtro
    Sales[Product]="Mouse"
)
```

108. Número de vezes que uma condição é atendida (2)

Modelagem > Nova medida

```
Number of sales of a product -MOUSE (1) =
//contar o número de vezes que um valor em texto aparece
//é afetado pelos filtros de contexto
CALCULATE(
        //expression
        COUNTAX (
                //tabela
                Sales,
                //expressão
                Sales[Product]
        ),
        //filtro
        Sales[Product]="Mouse"
)
```

109. Número de vezes que uma condição é atendida (3)

Modelagem > Nova medida

```
Number of sales <10k =
```

```
//contar o número de vezes que um valor numérico
aparece
//é afetado pelos filtros de contexto

CALCULATE(
        //expressão
        COUNTX(
                //tabela
                Sales,
                //expressão
                Sales[ Sales]
        ),
        //filtro
        FILTER(Sales, Sales[ Sales]<10000)
)
```

110. Número de vezes que uma condição é atendida (4)

Modelagem > Nova medida

```
Number of sales <10k (2) =
//contar o número de vezes que um valor numérico
aparece
//não é afetado pelos filtros de contexto
CALCULATE(
        //expressão
        COUNTX(
                //tabela
                ALL(Sales),
                //expressão
                Sales[ Sales]
        ),
        //filtro
        FILTER(Sales, Sales[ Sales]<10000)
)
```

111. Procurar uma linha que contenha valores especificados

Modelagem > Nova medida

```
Row containing the values =
//buscar uma linha na tabela "Localization" que contenha
os valores especificados
//a medida retorna os resultados TRUE or FALSE
//tabela, columna_1, columna_2, columna_3..
CONTAINSROW(Localization,"Germany","Berlin")
```

112. Procurar uma coluna que contenha valores especificados

Modelagem > Nova medida

```
Sales to Italy =
//a medida retorna os resultados TRUE or FALSE
CONTAINS(Sales, Sales[Country],"Italy")
```

113. Condição: MENOR QUE

```
Calculated_Column =
IF(
        //condição
        Sales[ Sales]<10000,
        //resultado se a condição for cumprida
        TRUE(),
        //resultado se a condição não for cumprida
        FALSE()
)
```

114. Condição: MAIOR QUE

```
Calculated_Column =
IF(
        //condição
        Sales[ Sales]>10000,
        //resultado se a condição for cumprida
        TRUE(),
        //resultado se a condição não for cumprida
        FALSE()
)
```

115. Condição: DIFERENTE DE

```
Calculated_Column =
IF(
        //condição
        Sales[Product]<>"Netop V10",
        //resultado se a condição for cumprida
        TRUE(),
        //resultado se a condição não for cumprida
        FALSE()
)
```

116. Condição: AND (1)

```
Calculated_Column =
IF(
        //condição
        Sales[Country]="Canada"  &&
        Sales[Sector]="Midmarket" ,
        //resultado se a condição for cumprida
        TRUE(),
        //resultado se a condição não for cumprida
```

```
        FALSE()
)
```

117. Condição: AND (2)

```
Calculated_Column =
IF(
        //condição
        AND(
                Sales[Country]="Canada" ,
                Sales[Sector]="Midmarket"
        ),
        //resultado se a condição for cumprida
        TRUE(),
        //resultado se a condição não for cumprida
        FALSE()
)
```

118. Condição: OR (1)

```
Calculated_Column =
IF(
        //condição
        Sales[Country]="Canada" ||
        Sales[Sector]="Midmarket",
        //resultado se a condição for cumprida
        TRUE(),
        //resultado se a condição não for cumprida
        FALSE()
)
```

119. Condição: OR (2)

```
Calculated_Column =
IF(
        //condição
        OR(
            Sales[Country]="Canada",
            Sales[Sector]="Midmarket"
        ),
        //resultado se a condição for cumprida
        TRUE(),
        //resultado se a condição não for cumprida
        FALSE()
)
```

120. Condição: MENOR OU IGUAL A

```
Calculated_Column =
IF(
        //condição
        Sales[ Sales]<=10000,
        //resultado se a condição for cumprida
        TRUE(),
        //resultado se a condição não for cumprida
        FALSE()
)
```

121. Condição: MAIOR OU IGUAL A

```
Calculated_Column =
IF(
        //condição
        Sales[ Sales]>=10000,
        //resultado se a condição for cumprida
```

```
        TRUE(),
        //resultado se a condição não for cumprida
        FALSE()
)
```

122. Condição: ENTRE

```
Number of sales between 100 and 1000 units =
//expressão: entre dois valores (quantidades, datas,..)
CALCULATE (
        //expressão
        COUNTROWS(Sales),
        //filtro
        FILTER (
                //tabela
                Sales,
                //filtro
                AND(
                        Sales[Units Sold] > 100 ,
                        Sales[Units Sold] < 1000
                )
        )
)
```

123. Condição: INCLUÍDO

```
Product sold (1) =
CALCULATE (
    //expressão
    SUM ( Sales[ Sales] ),
    //filtro
    // Calcula a expressão para cada linha que contém
    algum dos três produtos
    FILTER(
        //tabela
```

```
        Sales,
        //filtro
        Sales[Product] IN { "Mouse", "Keyboard", "Paper"}
    )
)
```

124. Condição: NÃO INCLUÍDO

```
Product sold (2) =
CALCULATE (
    //expressão
    SUM ( Sales[ Sales] ),
    //filtro
    // Calcula a expressão para cada linha que NÃO
    contém algum dos três produtos
    FILTER(
        //tabela
        Sales,
        //filtro
        NOT(Sales[Product]) IN { "Mouse", "Keyboard",
        "Paper" }
        )
)
```

125. Condição: NÃO

```
Sales target =
// Retorna TRUE ou FALSE
NOT ( Sales[ Sales] < 10000 )
```

126. Condição: SIM
Ferramentas de tabela > Nova coluna

Discounts (2) =
IF (
        //condição: campo vazio da tabela[columna]
        especificado
        Sales[Discounts]>1000 ,
        //resultado positivo especificado por nós
        "HIGH",
        //resultado negativo especificado por nós
        "LOW"
)

127. Condição: SIM ERRO

Applied discount =
//caso a condição anterior não seja cumprida, o valor
resultante é definido por nós
IFERROR(
        //expressão
        DIVIDE(Sales[COGS], Sales[Discounts]),
        //resultado definido por nós, caso a expressão
        tenha erros
        BLANK()
)

128. Condição: CAMPO SIM EM BRANCO
Ferramentas de tabela > Nova coluna

Discounts (1) =
//se um campo estiver em branco, aplica-se o resultado
positivo,

//se um campo NÃO estiver em branco, aplica-se o resultado negativo
IF(
        //condição: campo vazio da tabela[columna] especificado
        ISBLANK(Sales[Discounts]),
        //resultado positivo especificado por nós
        "not applied",
        //resultado negativo especificado por nós
        "applied"
)

129. Condição: CAMPO NÃO EM BRANCO
Ferramentas de tabela > Nova coluna

Discounts (1) =
//se um campo estiver em branco, aplica-se o resultado positivo,
//se um campo NÃO estiver em branco, aplica-se o resultado negativo
IF(
        //condição: campo vazio da tabela[columna] especificado
        NOT(ISBLANK(Sales[Discounts])),
        //resultado positivo especificado por nós
        "not applied",
        //resultado negativo especificado por nós
        "applied"
)

130. Primeiro valor que atende a uma condição (1)
Modelagem > Nova medida

Total discounts per salesman =
FIRSTNONBLANKVALUE(

```
        //coluna
        Sales[Salesman],
        //expressão
        SUM(Sales[Discounts])
)
```

131. Primeiro valor que atende a uma condição (2)
Modelagem > Nova medida

```
First sale =
FIRSTNONBLANK (
        //coluna
        Sales[Salesman],
        //expressão
        CALCULATE(SUM(Sales[Discounts]))
)
```

132. Último valor que atende a uma condição (1)
Modelagem > Nova medida

```
Last sale =
LASTNONBLANK (
        //coluna
        Sales[Salesman],
        //expressão
        CALCULATE(SUM(Sales[Discounts]))
)
```

133. Último valor que atende a uma condição (2)
Modelagem > Nova medida

```
Total discounts per salesman =
LASTNONBLANKVALUE(
```

```
        //coluna
        Sales[Salesman],
        //expressão
        SUM(Sales[Discounts])
)
```

134. Primeiro valor que atende a mais de uma condição (1)

Modelagem > Nova medida

```
First purchase amount per customer -Canada 2016  =
CALCULATE (
        //expression
        FIRSTNONBLANKVALUE (
                //coluna
                Sales[Sector],
                //expressão
                SUM ( Sales[ Sales] )
        ),
        //filtro
        FILTER (
                //la funcion ALL evita que le afecten filtros
                de contexto
                //tabela
                ALL ( Sales ),
                //filtro
                AND (
                    Sales[Country] = "Canada",
                    //filtrar através de uma coluna de uma
                    tabela relacionada
                    RELATED('Calendar'[year]) = 2016
                )
        )
)
```

Modelagem > Nova medida

```
First purchase amount per customer in Midmarket Sector
-Canada 2016  =
CALCULATE (
        //expression
        FIRSTNONBLANKVALUE (
                //coluna
                Sales[Sector],
                //expression
                SUM ( Sales[ Sales] )
        ),
        //filtro
        FILTER (
            //não é afetado pelos filtros de contexto
            //tabela
            ALL ( Sales ),
            //filtro
            AND (
              Sales[Country] = "Canada",
              //filtrar através de uma coluna de uma tabela
              relacionada
              RELATED ( 'Calendar'[year] ) = 2016
              )
        ),
        FILTER (
            //tabela
            Sector,
            //filtro
            Sector[Sector] = "Midmarket"
            )
)
```

136. Último valor que atende a mais de uma condição (1)

Modelagem > Nova medida

```
Last purchase amount per customer -Canada 2016  =
CALCULATE (
        //expression
        LASTNONBLANKVALUE (
                //coluna
                Sales[Sector],
                //expressão
                SUM ( Sales[ Sales] )
        ),
        FILTER (
                //não é afetado pelos filtros de contexto
                //tabela
                ALL ( Sales ),
                //expressão
                AND (
                        Sales[Country] = "Canada",
                        filtrar através de uma coluna de
                        uma tabela relacionada
                        RELATED('Calendar'[year]) = 2016
                )
        )
)
```

137. Último valor que atende a mais de uma condição (2)

Modelagem > Nova medida

```
Last purchase amount per customer in Midmarket Sector -
Canada 2016  =
CALCULATE (
        //expressão
```

```
        LASTNONBLANKVALUE (
                //coluna
                Sales[Sector],
                //expressão
                SUM ( Sales[ Sales] )
        ),
        FILTER (
                //não é afetado pelos filtros de contexto
                //tabela
                ALL ( Sales ),
                //filtro
                AND (
                        Sales[Country] = "Canada",
                        // filtrar através de uma coluna de
                        uma tabela relacionada
                        RELATED ( 'Calendar'[year] ) = 2016
                )
        ),
        FILTER (
                //tabela
                Sector,
                //filtro
                Sector[Sector] = "Midmarket"

        )

)
```

138. Calcular uma medida ignorando campos vazios

Modelagem > Nova medida

```
Salesmans total sales =
//descarta as vendas em que o campo "Discounts" estiver
vazio
CALCULATE(
        //expressão
        SUM( Sales [Sales]),
        //filtro
```

```
FILTER(
        //table
        Sales,
        //filtro
        NOT ISBLANK(Sales[Discounts])
    )
)
```

139. Calcular uma medida ignorando campos que contenham um valor específico

Modelagem > Nova medida

```
Total Sales -not Canada =
//a medida descarta no cálculo os valores
correspondentes ao "Canadá"
CALCULATE(
        //expressão
        SUM( Sales [Sales]),
        //filtro
        FILTER(
                //tabela
                Sales,
                //filtro
                Sales[Country] <> "Canada"
        )
)
```

140. Substituir um valor por outro

Ferramentas de tabela > Nova coluna

```
Continent =
//substituir um valor por outro em uma nova coluna
SWITCH (
        TRUE (),
```

'Country Tax'[Country] = "Canada", "American",
'Country Tax'[Country] = "Germany", "European",
'Country Tax'[Country] = "France", "European",
'Country Tax'[Country] = "Mexico", "American",
'Country Tax'[Country] = "USA", "American",
'Country Tax'[Country] = "UK", "European",
//e se não for nenhum dos anteriores, deixa o
campo em branco
BLANK ()
)

141. Encontrar um texto específico dentro de uma cadeia de texto (1)

Ferramentas de tabela > Nova coluna

FIND "John" =
//busca a posição (contando da esquerda) da primeira
ocorrência de um caractere
//ou de uma cadeia de texto dentro de outra cadeia de
texto.
//discrimina entre maiúsculas e minúsculas.
IFERROR(
    FIND("John", Salesman[Salesman]),
    BLANK()
)

142. Encontrar um texto específico dentro de uma cadeia de texto (2)

Ferramentas de tabela > Nova coluna

SEARCH "John" =
//busca a posição (contando da esquerda) da primeira
ocorrência de um caractere

```
//ou de uma cadeia de texto dentro de outra cadeia de
texto.
//NÃO discrimina entre maiúsculas e minúsculas.
IFERROR(
        SEARCH("John",Salesman[Salesman]), BLANK()
)
```

143. Pasar texto a minúsculas

Ferramentas de tabela > Nova coluna

```
Lowercase text =
//converter texto para minúsculas
LOWER(Salesman[Salesman])
```

144. Converter texto para maiúsculas

Ferramentas de tabela > Nova coluna

```
Uppercase text =
//converter texto para maiúsculas
UPPER(Salesman[Salesman])
```

145. Extrair texto de uma cadeia de texto

Ferramentas de tabela > Nova coluna

```
Extract text =
//extrair uma cadeia de texto
//texto, posição_inicial, número_caracteres
MID(Salesman[Salesman], 3, 2)
```

146. Buscar um texto dentro de uma cadeia de texto e extraí-lo

Ferramentas de tabela > Nova coluna

```
Search and Extract =
//procurar e extrair um texto dentro de uma cadeia de
texto
IFERROR(
        //expressão que deve ser cumprida
        MID(
                Salesman[Salesman],
                SEARCH("John", Salesman[Salesman]),
                2
        ),
        //resultado em caso de não ser cumprida
        BLANK()
)
```

147. Substituir um valor dentro de uma cadeia de texto por outro

Ferramentas de tabela > Nova coluna

```
Replace text string (1) =
//elimina uma cadeia de 2 caracteres a partir da posição 3
//e a substitui por um único caractere
REPLACE( Salesman[Salesman], 3, 2, "_")
```

148. Buscar e substituir um valor dentro de uma cadeia de texto por outro

Ferramentas de tabela > Nova coluna

```
Replace text string (2) =
//procura e eliminar uma cadeia de caracteres e substituí-
la por outra cadeia de texto
IFERROR(
        //expressão que deve ser cumprida
        REPLACE(
```

            Salesman[Salesman],
            SEARCH("h",Salesman[Salesman]), 2, "_"
    ),
    //resultado em caso de não ser cumprida
    BLANK()
)

149. Inserir um valor dentro de uma cadeia de texto
Ferramentas de tabela > Nova coluna

Insert text string (1) =
//inserir uma cadeia de texto na posição indicada sem
apagar nada
//para isso, utilizamos o valor 0
REPLACE(Salesman[Salesman], 3, 0, "_")

150. Inserir um valor no início de uma cadeia de texto
Ferramentas de tabela > Nova coluna

InsertInsert text string (2) =
//inserir uma cadeia de texto no início sem apagar nada
REPLACE(Salesman[Salesman], 1, 0, "_")

151. Inserir um valor no final de uma cadeia de texto
Ferramentas de tabela > Nova coluna

Insert text string (3) =
//inserir uma cadeia de texto no final sem apagar nada
//o 100 representa um comprimento de campo não
excedido pelo conteúdo dos campos da coluna
REPLACE(Salesman[Salesman], 100, 1, "_")

152. Extrair texto de uma cadeia de texto (1)
Ferramentas de tabela > Nova coluna

Extract text from right =
//extraímos um número de caracteres da direita para a
esquerda
//tabela[coluna]; número_de_caracteres
RIGHT(Salesman[Salesman],4)

153. Extrair texto de uma cadeia de texto (2)
Ferramentas de tabela > Nova coluna

Extract text from left =
//extraímos um número de caracteres da esquerda para a
direita
//tabela[coluna]; número_de_caracteres
LEFT(Salesman[Salesman],4)

154. Substituir um ou N caracteres por outros
Ferramentas de tabela > Nova coluna

Replace blanks =
//substituir os espaços em branco por "_"
//tabela[Coluna]; texto_antigo; texto_novo
SUBSTITUTE(Salesman[Salesman]," ","_")

155. Eliminar espaços em branco do texto e inserir um único espaço entre cada palavra
Ferramentas de tabela > Nova coluna

Remove blanks =
//substituir os espaços em branco do texto por um único
espaço em branco entre cada palavra

TRIM(Salesman[Salesman])

156. Busca de texto. Não distingue entre maiúsculas e minúsculas (1)

Ferramentas de tabela > Nova coluna

Search "owe" =
//NÃO discrimina entre maiúsculas e minúsculas
//o símbolo "?" representa qualquer caractere, por exemplo: "Tower" encaixaria na busca
//tabela[coluna],texto_a_procurar
CONTAINSSTRING(Product[Product],"?owe?")

157. Busca de texto. Não distingue entre maiúsculas e minúsculas (2)

Ferramentas de tabela > Nova coluna

Search "owe" =
//NÃO discrimina entre maiúsculas e minúsculas
//o símbolo "*" representa qualquer conjunto de caracteres, por exemplo: "Tower" e "Power BI" encaixariam na busca
//tabela[coluna],texto_a_procurar
CONTAINSSTRING(Product[Product],"*owe*")

158. Busca de texto. Distingue entre maiúsculas e minúsculas

Ferramentas de tabela > Nova coluna

Search "Power" =
//discrimina entre maiúsculas e minúsculas
//tabela[coluna],texto_a_procurar
CONTAINSSTRINGEXACT(Product[Product],"Power")

159. Concatenar colunas (1)

Ferramentas de tabela > Nova coluna

```
Join Localization and Province (1) =
//unir valores de diferentes colunas
CONCATENATE(
        Localization[Country],
        Localization[Province]
)
```

160. Concatenar colunas (2)

Ferramentas de tabela > Nova coluna

```
Join Localization and Province (2) =
//usamos "&" para a união de duas ou mais colunas com
separador
//o separador é especificado entre aspas
Localization[Country]&","&Localization[Province]
```

161. Concatenar colunas (3)

Ferramentas de tabela > Nova coluna

```
Join country, category and product =
//concatenar mais de duas colunas por linha usando um
separador
COMBINEVALUES(
        //delimitador
        ",",
        //tabela1[coluna1]
        Sales[Country],
        //tabela1[coluna2],..,
        Sales[Category],
        //tabela1[colunaN]
        Sales[Product]
```

)

162. Mostrar em um cartão uma expressão que resulte em mais de um valor

Modelagem > Nova medida

```
Ranked Products -view on card =
//criamos uma variável
VAR salesPerProduct =
SUMMARIZE (
        //tabela
        Sales,
        //coluna
        Sales[Product],
        //coluna calculada
        "totalSales", SUM ( Sales[ Sales] )
)

RETURN

//tabela ou expressão que retorna uma tabela,
//a função, é apenas como exemplo, você pode substituí-
la por qualquer outra
CONCATENATEX(
        TOPN (
                3,
                salesPerProduct,
                [totalSales]
        ),
        Sales[Product],
        ", "
)
```

163. Calcular um % a partir de totais (1)

Ferramentas de tabela > Nova coluna

```
Gross profit (1) =
//resulta em um número inteiro
//substitui resultados NULL por 0
QUOTIENT(Sales[ Sales],Sales[COGS])
```

164. Calcular um % a partir de totais (2)

Ferramentas de tabela > Nova coluna

```
Gross profit (2) =
//porcentagem de margem bruta sobre a venda
//resulta em um número decimal
//substitui resultados NULL por 0
DIVIDE(Sales[COGS],Sales[ Sales])
```

165. Calcular um % a partir de totais (3)

Modelagem > Nova medida

```
Gross profit (3) =
//resulta em um número inteiro
//substitui resultados NULL por 0
VAR totalSales = SUM(Sales[ Sales])
VAR totalCOGS = SUM(Sales[COGS])
RETURN
DIVIDE(totalCOGS,totalSales)
```

166. Calcular um % a partir de totais (4)

Ferramentas de tabela > Nova coluna

```
Gross profit (4) =
//especifica o número de decimais igual a 2
```

```
//porcentagem de margem bruta sobre a venda
//resulta em um número decimal
//substitui resultados NULL por 0
ROUND(DIVIDE(Sales[COGS],Sales[ Sales]),2)
```

167. Calcular valor máximo por categoria
Modelagem > Nova medida

```
Last ID sale per Category =
//último registro de venda por categoria

MAXX(
        //table
        Sales,
        //expressão
        Sales[Sales ID]
)
```

168. Calcular valor mínimo por categoria
Modelagem > Nova medida

```
First ID sale per Category =
//primeiro registro de venda por categoria

MINX(
        //valor filtrado
        Sales,
        //expressão
        Sales[Sales ID]
)
```

STEP 1
 Modelagem > Nova medida

```
//criamos N medidas separadamente, neste caso, duas
AverageS = AVERAGE(Sales[ Sales])
TotalS = SUM(Sales[ Sales])
```

STEP 2
home > entrada de dados

```
//criamos uma nova tabela e a chamamos de "Measure" e
sua coluna de "Calculation"
//na coluna "Calculation", adicionamos dois registros
"averageSale" e "totalSale"
//esta tabela é usada em um "slicer"
```

STEP 3
Modelagem > Nova medida

```
//esta medida pode ser usada em um "gráfico, matriz,
tabela"
//nela será representada a opção selecionada no slicer
Calculation type =
SWITCH(
        SELECTEDVALUE(Measure[Calculation]),
        //nome da coluna, expressão
        "averageSale", [AverageS],
        //nome da coluna, expressão
        "totalSale", [TotalS],
        //resto
        ""

)
```

170. Valor de um campo entre duas datas
Modelagem > Nova medida

```
Sales from 01/05/2013 to 30/05/2014 =
//valor de um campo dentro de um intervalo de datas
CALCULATE(
        //expressão
        SUM(Sales[ Sales]),
        //filtro
        DATESBETWEEN(
                //tabela
                Calendar[Date],
                //data de início
                DATE(2013,05,01),
                //data final
                DATE(2014,05,30)
        )
)
```

171. Calcular o valor de uma medida desde uma data até N unidades de tempo
Modelagem > Nova medida

```
SalesSales last 15 days =
CALCULATE(
        //expression
        SUM(Sales[ Sales]),
        //filtro
        DATESINPERIOD(
                //tabela
                'Calendar'[Date],
                //data de origem
                TODAY(),
                //período
                -14,DAY
```

)
)

172. Calcular o valor de uma medida desde uma data até N unidades de tempo (2)

Ferramentas de tabela > Nova coluna

```
Sales last 40 days =
//expressão, filtro
CALCULATE(
    SUM(Sales[ Sales]),
    FILTER(
        //table
        ALL('Calendar'),
        //filtro
        Calendar[Date]>=TODAY()-40 &&
        Calendar[Date]<TODAY()
    )
)
```


173. Calcular el valor de una medida desde principio de mes hasta la última fecha del contexto actual

Modelagem > Nova medida

```
Current month sales =
//executa uma expressão desde o primeiro dia do mês
ATUAL até agoraf
//a medida é reinicializada a zero no início de cada mês
TOTALMTD(
    //expressão
    SUM(Sales[ Sales]),
    //tabela
    'Calendar'[Date]
)
```

174. Calcular o valor de uma medida desde o início do trimestre até a última data do contexto atual

Modelagem > Nova medida

```
Current quarter sales =
//executa uma expressão desde o primeiro dia do
trimestre ATUAL até agora
//a medida é reinicializada a zero no início de cada
trimestre
TOTALQTD(
        //expressão
        SUM(Sales[ Sales]),
        //table
        'Calendar'[Date]
)
```

175. Calcular o valor de uma medida desde o início do ano até a última data do contexto atual

Modelagem > Nova medida

```
Current year sales (1)=
//executa uma expressão desde o primeiro dia do ano
ATUAL até agora
//a medida é reinicializada a zero no início de cada ano
TOTALYTD(
        //expressão
        SUM(Sales[ Sales]),
        //tabela
        'Calendar'[Date]
)
```

176. Cálculo de uma medida sobre o dia atual

Modelagem > Nova medida

```
Sales today =
//cálculo de uma expressão com valor na data atual
CALCULATE(
        //expression
        SUM(Sales[ Sales]),
        //filtro
        Sales[Date] = TODAY()
)
```

177. Calcular a diferença de tempo entre duas datas

Modelagem > Nova medida

```
Days per sent =
//diferença de tempo entre duas datas
DATEDIFF(Sales[Date2],Sales[Date],DAY)
```

178. Média

Modelagem > Nova medida

```
Average sales =
//média de valor de vendas
AVERAGE(Sales[ Sales])
```

179. Soma condicional

Modelagem > Nova medida

```
Sales on Germany =
//somar valores se atenderem a uma condição
SUMX(
        //tabela
```

```
FILTER(
        //tabela
        Sales,
        //filtro
        Sales[Country]="Germany"
    ),
    //expressão
    Sales[ Sales]
)
```

180. Produto condicional

Modelagem > Nova medida

```
Total Product Tax =
PRODUCTX(
        //multiplica todos os valores de uma coluna que
        atendem a uma ou várias condições//table
        'Country Tax',
        //expressão
        'Country Tax'[Tax]
)
```

Glossário

ADDCOLUMNS (001,008)
ALL (030,031,033,034,036,037,043,044,050,088,089,09,..)
ALLEXCEPT (102)
ALLNOBLANKROW (044)
ALLSELECTED (089,098,099)
AND (024,034,073,077,078,080,081,096,097,100,116,1,..)
AVERAGE (005,006,007,008,169,178)
AVERAGEX (013,014,015,016,017,053)
BLANK (023,024,026,027,038,039,044,045,046,048,070,..)
CALCULATE (028,029,030,031,032,033,036,038,039,042,..)
CALCULATETABLE (006,009,010,052,053,060,080,087)
CALENDAR (001)
CEILING (067)
COALESCE (093)
COMBINEVALUES (103,161)
CONCATENATE (159)
CONCATENATEX (091,162)
CONTAINS (112)
CONTAINSROW (111)
CONTAINSSTRING (156,157)
CONTAINSSTRINGEXACT (158)
COUNT (034,045,105,106)
COUNTAX (107,108)
COUNTBLANK (046)
COUNTROWS (013,014,015,042,043,047,048,053,122)
COUNTX (037,109,110)
CROSSFILTER (038)
CURRENTGROUP (56)
DATE (170)
DATESBETWEEN (170)
DATESINPERIOD (171)
DISTINCT (003,004)
DISTINCTCOUNT (035,041,103,105,106)
DISTINCTCOUNTNOBLANK (038,039)
DIVIDE (162,165,166)

EARLIER (047,048)
EXACT (057,058,61)
EXCEPT (059,060)
FILTER (006,034,037,043,047,048,053,077,080,091,096,..)
FILTERS (084)
FIND (141)
FIRSTNONBLANKVALUE (130)
FLOOR (066)
FORMAT (001)
GROUPBY (056)
HASONEVALUE (088,089)
IF (023,024,026,027,048,081,088,089,090,091,113,114,,..)
IFERROR (127,141,142,146,148)
IN (123)
INT (068)
INTERSECT (060)
ISBLANK (044,093,127,128,137)
ISINSCOPE (089)
LASTNONBLANK (131,137)
LASTNONBLANKVALUE (132,138)
LEFT (153)
LOOKUPVALUE (012,024,025,026,076)
LOWER (143)
MAX (030,101,103)
MAXX (013,014,015,052,075,167)
MID (145,146)
MIN (001)
MINX (013,014,015,052,168)
MONTH (001)
NOT (044,123,124,128,137)
OR (117,118)
PRODUCTX (180)
QUARTER (001)
RANKX (087,088,089)
RELATED (029,076,077,134,136)
RELATEDTABLE (016,017)
REPLACE(146,147,148,149,150)

RIGHT (151)
ROLLUP (005,006,007)
ROLLUPADDISSUBTOTAL (053)
ROLLUPGROUP (054)
ROUND (064,165)
ROUNDDOWN (063)
ROUNDUP (062)
ROW (018)
SAMPLE (078)
SEARCH (141,145,147)
SELECTCOLUMNS (011,012,016,017)
SELECTEDVALUE (071,092,093,168)
SUBSTITUTE (153)
SUM (011,012,013,018,027,030,048,050,052,069,070,..)
SUMMARIZE (005,006,007,039,040,050,051,052,074,..)
SUMMARIZECOLUMNS (013,014,015)
SUMX (055,076,179)
SWITCH (001,080,081,082,139,168)
TODAY (001,170,175,176)
TOPN (084,086,090,161)
TOTALMTD (172)
TOTALQTD (173)
TOTALYTD (174)
TREATAS (38,59)
TRUNC (68)
UPPER (143)
USERELATIONSHIP (091)
VALUES (060,069,070)
YEAR (001)